RÉPONSE

DE M. LE COMTE ***,

PAIR DE FRANCE,

A MONSIEUR A. J.,

SUR

LES 280,000,000 DE FR. QUE LA FRANCE DOIT
ENCORE PAYER AUX PUISSANCES ÉTRANGÈRES.

A PARIS,

CHEZ DELAUNAY, LIBRAIRE, PALAIS-ROYAL,

GALERIE DE BOIS, N° 243.

1818.

RÉPONSE

DE M. LE COMTE ***,

PAIR DE FRANCE,

A Monsieur A. J.,

SUR

Les 280,000,000 de fr. que la France doit encore payer aux puissances étrangères.

Ce 25 juin 1818.

Vous ne sauriez croire, Monsieur, combien j'ai trouvé intéressans les détails que vous me donnez par votre lettre du 17 de ce mois.

Elle me parvint avant-hier soir, lorsque nous étions à prendre le thé. Madame *** et mes filles s'étant rendues dans la pièce voisine, pour y faire de la musique, je me mis à la lire tout haut.

J'avais avec moi M. l'évêque de ***, mon

parent, dont vous connaissez le bon esprit, et le grand sens; M. le lieutenant général ***, homme d'honneur, s'il en fût jamais; et lord ***, autrefois M. ***, qui a loué avec sa famille une maison de campagne dans notre voisinage, et qui, par le commerce d'Espagne qu'il a fait pendant sa jeunesse, avant la mort de son frère aîné, a ajouté une fortune très-considérable à celle que ce dernier lui a laissée.

Il est bon de vous dire que lord ***, qui a quitté Londres récemment, venait aussi d'arriver de Paris, et qu'il en était même parti après votre lettre. Aussi avait-il avec lui les papiers du 21 juin.

Je n'exagère pas, en vous disant que nous sommes tombés de notre haut. Comment? tant de millions de sacrifices! Tant de précipitation apparente dans une affaire d'une aussi haute importance! Des étrangers qui semblent nous faire la loi, qui écartent la concurrence des Français, et qui..... ! Des étrangers qui s'entre-partagent les bénéfices d'une opération française, et qui en font des largesses à leurs amis!

« Non, cela n'est pas possible, nous disions-nous : il faut que M. A. J. se trompe, il aura voulu nous écrire une fiction. »

» Point du tout, nous dit lord ***, en nous interrompant, la chose est réelle; il y a un traité éventuel d'emprunt de conclu, avec les deux négocians étrangers, et ceux-ci ont cédé à quatre ou cinq banquiers de Paris, leurs amis, environ la moitié de l'emprunt. Voilà qui est positif.

» Mais ce qui ne l'est pas, ou du moins ce qui ne l'est pas encore, continua lord ***, c'est que l'un des quatre ou cinq banquiers de Paris, à qui les étrangers avaient fait une cession de trois millions de rente, dont deux millions pour lui, et le reste pour des négocians, encore étrangers en partie, et n'étant point établis en France, décidément, au regret de s'être prêté à une affaire aussi onéreuse pour la France, aurait déclaré, *après quelques jours d'hésitation*, ne pas vouloir accepter cette cession, mais la tenir provisoirement en réserve, pour, dans le cas où le traité éventuel ne pourrait être rompu, en verser le produit dans le trésor public, et faire ainsi abnégation de tout intérêt personnel. »

Lord *** ajouta : « Cette nouvelle n'est pas certaine, mais elle a pour moi un grand degré de probabilité, parce qu'elle m'a été donnée par M. ***, un des premiers agens de change de Paris, qui possède toute ma confiance, et qui est la probité même. J'ajouterai d'ailleurs que je la trouverais si honorable, que mon cœur a besoin d'y croire.

» Depuis trop long-temps on a cherché injustement à ravaler le commerce, et les individus qui s'y livrent, et on croit qu'il n'y a que le seul appât du gain qui dirige ceux-ci. C'est un préjugé essentiellement faux, et vous m'accorderez bien le droit d'être ici l'avocat, tant du commerce en général, que surtout du haut commerce et de la haute finance. Quand on est parvenu au point d'y jouer un rôle éminent, l'honneur n'intéresse-t-il pas infiniment plus que l'argent? Car, si on pouvait se permettre jamais d'oublier les principes que la probité prescrit (ce que je suis fort loin d'admettre), ne savons-nous pas que ce n'est pas avec des millions qu'une réputation se rachète? Et combien de gens n'y a-t-il pas qui, au désespoir d'être mal famés, se trouveraient heureux d'avoir même quelques millions de francs de moins, et de passer tout simplement pour gens de biens, afin de pouvoir au moins laisser à leurs enfans une mémoire sans tache. »

« Bravo, milord, s'écria notre lieutenant-général; vous me réconcilierez avec le commerce et la haute finance, comme vous m'avez déjà réconcilié avec plusieurs de vos compatriotes. Vous m'en avez fait tant connaître qui sont gens d'un mérite distingué, et qui savent allier le savoir le plus profond à la politesse la plus aimable, que vous m'avez fait naître à leur égard plus d'une fois le même regret, que vous me donnez toujours..... je voudrais que vous et eux fussiez Français ! »

« Si nous ne le sommes pas, mon général, lui dit lord ***, croyez du moins que les honnêtes gens en Angleterre forment des vœux bien sincères pour le bonheur des Français. Nous vous l'avons prouvé par l'accueil aussi empressé que soutenu que nous avons fait aux Français que les malheurs de la révolution avaient forcés à venir chercher un asile parmi nous ; et je crois ne pas trop dire, qu'en apprenant à nous connaître, nous avons appris réciproquement à nous estimer.

» Attendez d'ailleurs que le droit d'aubaine, par réciprocité envers les Anglais soit abrogé, et vous verrez combien de familles opulentes des trois royaumes unis, s'empresseront d'acquérir des biens immobiliers en France, et viendront s'y fixer. Oui, si cette loi eût été abrogée plus tôt, bien des châteaux en France seraient restés debout, et la *bande noire* n'y eût pas exercé autant de ravages.

» Mais le *Moniteur* du 21 juin, continua

lord ***, ne me permet pas de garder le silence sur le tribut d'hommages que **la partie éclairée de la nation anglaise** n'a cessé **de payer** à l'illustre clergé de France. Souffrez, monseigneur (ce fut à M. l'évêque de *** qu'il s'adressa), souffrez qu'un protestant relève **ici** l'indécence d'une phrase qu'on trouve dans le *journal des Maires, journal spécialement destiné pour les gens de la campagne.* C'est celle-ci : « *En* 1772, *les abbés étaient ministres, et* » *faisaient ce qu'ils voulaient.* » Plût à Dieu que la France n'eût jamais eu des ministres moins habiles que n'ont été quelques abbés, quand nous ne prendrions au hasard que le cardinal de Richelieu, et le cardinal de Fleury! Et plût à Dieu qu'on rencontrât partout la même profondeur de savoir, le même talent, le même amour du bien, et le même désintéressement, dont le clergé de France a donné de si éclatans exemples. J'ignorais (et j'ignore bien des choses) que les abbés ne pouvaient plus être ministres. Mais, ce que je n'ignore pas, c'est que vous et moi faisons à peu près ce que nous voulons, et que, par conséquent, il y a encore bien des gens qui font ce qu'ils veulent. »

La malice de cette dernière phrase nous fit sourire ; il n'y eût que M. l'évêque de *** qui ne sourit point. Il témoigna sa sincère reconnaissance à lord ***, des choses gracieuses qu'il avait bien voulu lui dire, et il poussa la candeur (car vous savez qu'il est d'une bonté extrême) jusqu'à plaider la cause des gens qui gouvernaient en 1793, que le même journal attaque, *comme s'étant enrichis aux dépens du peuple.* « S'ils ont commis des horreurs (et je ne puis en douter : ils ont immolé l'un de mes frères, deux de mes sœurs et plusieurs autres de mes parens), du moins il n'en est guère, ou peut-être il n'en est pas qui se soient enrichis. Et, chose remarquable, les gens qui se sont enrichis à cette époque, c'étaient pour la plupart des gens modérés, qui, tout en se tenant tranquilles, et en évitant de se montrer, avaient le talent de se créer spontanément des capitaux, ou de tirer un parti extrêmement avantageux de ceux qu'ils possédaient déjà. »

Ici nous sourîmes tous, et M. l'évêque de *** lui-même ne put s'en empêcher. Il ne tarda pourtant pas à reprendre sa gravité. Point de malice, nous dit-il, lisez jusqu'au bout. En effet, nous trouvâmes çà et là, dans l'article du *journal des Maires*, de très-bons raisonnemens sur l'état des finances de la France. « Eh bien ! Messieurs, nous demanda-t-il, qu'en dites-vous ? »

« Je dis, lui répliquai-je, que si la dette de

la France est si peu importante, et qu'il faille si peu de temps pour l'éteindre (opinion que je partage tout-à-fait), le tort que l'on a eu, et dont M^r. A. J. se plaint, en est d'autant plus grave. »

« Certes, s'écria le lieutenant-général, je ne suis pas financier, mais je m'y connais assez pour comprendre que 75 font plus que 62, et que sur 24,000,000 de rente, cela établit une différence de plus de 60,000,000.

» Vous savez, Messieurs, que, né peu de temps avant la révolution, et d'une famille très-opulente, mais plébéienne, je n'ai jamais émigré. J'ai servi Buonaparte, en homme d'honneur, jusqu'à ce qu'il m'eût délié de mon serment. Mais une fois lié à Louis XVIII, je n'ai plus regardé Buonaparte, lorsqu'il est revenu France, que comme un odieux usurpateur.

» Aussi n'ai-je pas hésité un instant à rejoindre le Roi à Gand. Et cependant je ne suis ni flatteur, ni courtisan ; j'en appelle à tous mes compagnons d'armes. Il en est qui ont suivi une route différente de la mienne ; mais il n'en est aucun qui ne me rende justice.

» Bien plus riche que je n'éprouve le besoin d'être, d'abord parce que mes goûts sont simples, et qu'un petit nombre d'amis choisis, quelques livres, mes pinceaux et ma guitare me suffisent ; et puis, parce que (ce qui m'est une jouissance bien douce) je puis consacrer encore plus de la moitié de mon revenu à assister d'anciens camarades, n'importe leur couleur, je me crois le plus heureux des mortels. Aussi ma fierté n'a jamais *ployé* devant personne ; *honneur et devoir*, telle a toujours été ma devise.

» Mais il faut être militaire pour savoir ce que les militaires ont fait, et combien il est de braves qui, par l'économie que l'état est obligé de s'imposer, se trouvent réduits à la position la plus pénible. Et je ne me sentirais pas affecté de voir des gens de finance, des étrangers surtout, s'enrichir, outre mesure, à nos dépens, et faire encore étalage de générosité, envers d'autres gens de finance, qui n'ont rendu aucun service signalé, ou même aucun service à l'état, et qui sont déjà fort riches !

» Si encore des sacrifices de cette nature servaient à adoucir le sort des familles autrefois fort riches, lesquelles, pour avoir fait ce qu'elles croyaient être leur devoir, et avoir suivi le cri de leur conscience, ont prouvé, en émigrant, leur dévouement sans bornes à la cause royale, et ont peut-être enrichi, par la vente de leurs biens, leurs anciens vassaux et leurs anciens domestiques, je pourrais ne pas trop m'y opposer ; du moins, si l'on prenait ici d'un côté, on rendait de l'autre; et le gouvernement, qui a touché, bien qu'à très-bas prix, le produit de la dépouille des émigrés, pourrait être considéré comme obligé à le leur rendre, si, après les divers changemens de gouvernement que nous avons éprouvés, il était permis d'établir la solidarité du gouvernement actuel, pour les actes de tous les gouvernemens intermédiaires qui ont existé depuis trente ans.....

» Mais en voilà trop sur un sujet aussi affligeant. J'en demande pardon à Mr. A. J.; mais je le répète, je ne puis croire à tout ce qu'il écrit; j'en deviendrais malade. »

Notre bon et loyal général se leva tout d'un coup en finissant cette dernière phrase, et nous regarda fixement.

Je pris la parole en disant : « Oui, Messieurs, je ne puis qu'abonder dans le sens du général; je ne puis croire au maintien d'un traité comme celui que lord *** et Mr. A. J. nous annoncent. Les puissances étrangères, qui veulent que la France soit *riche et heureuse*, seraient les premières à le faire rompre et à accepter de préférence les termes de paiement plus rapprochés qu'un nombre respectable de négocians français se sont empressés et s'empressent encore à offrir au gouvernement.

« C'est une route tracée que d'émettre des rentes ; et, au taux actuel, l'inconvénient n'est plus très-grand. Mais il me semble que l'on a eu grand tort, en faisant le premier emprunt, d'offrir une valeur aussi dépréciée que la rente, qui perdait alors environ 45 pour o/o ; et si, à cette époque, on avait écouté les conseils que je sais avoir été donnés, l'on eût encore fait une grande économie. On eût pu établir un papier intermédiaire, payable par termes successifs, qui eût nécessairement beaucoup moins perdu. Mais ceci n'est plus qu'une observation pour l'histoire de nos finances.

« Espérons qu'il n'en sera pas de même pour l'emprunt dit des 24 millions, lequel doit servir à nous acquitter des 280 millions qui, au 30 novembre, nous restent à payer aux puissances étrangères. Espérons que les quatre ou cinq maisons que les négocians étrangers se sont associées, suivront l'exemple que semble donner l'une d'elles. Comptons aussi dans cette affaire, tout-à-fait extraordinaire, sur l'assistance des ambassadeurs et ministres étrangers, dont l'honneur et l'extrême délicatesse nous sont connus. Applaudissons aux maisons de Paris et des provinces qui ont refusé tout intérêt dans cette opération. Et formons des vœux pour que, par la haute sagesse du Roi, dans une circonstance aussi sérieuse, l'honneur national, l'honneur du commerce de France, et les intérêts du trésor public, puissent marcher de front, et *que la mesure de notre intelligence en matière de finance* nous mette à l'abri des épigrammes que des esprits mal faits ne pourraient manquer de nous lancer. »

Là finit notre conversation. Il était tard, et chacun se retira. Occupé toute la journée d'hier, je me suis levé de bonne heure aujourd'hui pour vous rendre notre entretien, à condition que vous ne tarderez pas à m'écrire de nouveau, et à me tenir au courant de tout ce qui pourra se passer à l'égard d'un objet aussi important.

Adieu, Monsieur; croyez, etc.

Le comte ***.

P. S. J'oublie de vous dire que lord *** nous a encore rapporté que la banque de France allait faire le service des paiemens successifs pour l'emprunt des 14,600,000 ; et rien de mieux sans doute.

Cette mesure doit faire plaisir au gouvernement et à tout bon Français; elle fera employer

une portion de la trop grande masse de fonds
oisifs qui sont à la banque ; et, par les facilités
qu'elle procure, elle ne peut manquer d'accélérer la hausse de la rente ; ou, en d'autres termes, elle contribuera essentiellement à raffer-
mir encore le crédit de l'état.

Au moment de fermer ma lettre, M. l'évêque de *** vient me trouver. Toujours avide
de recherches, il a parcouru le traité conclu
avec les puissances étrangères, le 20 novembre
1815. Il prétend que l'article XIV de la con-
vention conclue en conformité de l'article IV
de ce traité, est en opposition formelle avec la
nouvelle que vous me donnez.

Voici cet article textuellement :

« Lorsque les premiers 600 millions auront
« été payés, les alliés, pour accélérer la libé-
» ration entière de la France, accepteront, si
» cet arrangement convient au gouvernement
» français, la rente stipulée à l'article VIII
(7 millions de rentes qui ont été mis en dépôt,
par le gouvernement français, à titre de gage),
» au cours qu'elle aura à cette époque, jusqu'à
» concurrence de ce qui restera dû des 700 mil-
» lions. La France n'aura plus à fournir que la
» différence, s'il y a lieu. »

« Or, me dit l'évêque de ***, en ne supposant
la rente qu'au prix de 75 pour o/o, lors du

départ des troupes étrangères, les 7 millions de rentes données en dépôt feront déjà 112,500,000; et, comme nous n'avons plus à payer au 30 novembre 1818 que 280,000,000 *en tout*, cette somme-ci se trouverait réduite à 167,500,000. Ainsi, dans tous les cas, ce ne serait que pour environ 167,500,000, ou une somme encore moindre, qu'on aurait pu traiter, le 30 mai, avec les deux négocians étrangers. Il faut donc que M^r. A. J. et lord ✳✳✳ soient mal informés; et vous sentez, monsieur le comte, me dit-il, qu'ami de trois ministres, dont je fais un cas infini, lié surtout dès l'enfance avec celui dont tout le monde cite à l'envi la belle âme et le noble caractère, cette découverte me cause nécessairement la satisfaction la plus vive.

Vous voyez donc, Monsieur, que nous voilà tout-à-fait dans le labyrinthe; et le moyen d'en sortir au fond de la province! Ainsi, ne tardez pas à nous écrire, je vous en supplie.

IMPRIMERIE DE FAIN, PLACE DE L'ODÉON.